21X/2-1...
24 X

D0470928

ALOSAURIO

por Janet Riehecky
ilustraciones de Llyn Hunter

THE
CHILD'S
WORLD

MANKATO, MN

*Con el más sincero agradecimiento a Bret S. Beall,
Coordinador de los Servicios de Conservación para
el Departamento de Geología, Museo de Historia
Natural, Chicago, Illinois, quien revisó este libro
para garantizar su exactitud.*

Library of Congress Cataloging-In-Publication Data
Riehecky, Janet, 1953-
[Allosaurus. Spanish]
Alosaurio / por Janet Riehecky;
ilustraciones de Llyn Hunter.
p. cm.
ISBN 1-56766-134-3
1. Allosaurus--Juvenile literature.
[1. Allosaurus. 2. Dinosaurs. 3. Spanish language materials.]
I. Hunter, Llyn, ill. II. Title.
QE862.S3R5218   1994
567.9'7-dc20   93-48637

ALOSAURIO

Hace muchísimos años unos seres extraños
llamados dinosaurios dominaban la tierra.

El nombre dinosaurio quiere decir "lagarto terrible". Pero en realidad los dinosaurios no eran lagartos, y no todos eran terribles.

Algunos eran tan grandes como tu casa.

Otros eran tan pequeños como tu perro.

Algunos, los herbívoros, comían plantas.

Otros, los carnívoros, comían carne.

Había una clase de dinosaurio que se llamaba alosaurio, que quiere decir "lagarto diferente". El alosaurio era un dinosaurio enorme, ¡tan grande como un autobús! Se alzaba casi cinco metros de alto, medía diez metros y medio de largo y pesaba tanto como un camión pequeño.

Tenía una boca grande y sonriente, pero los demás dinosaurios aprendieron a no fiarse de esa sonrisa, pues detrás de ella había unos dientes afilados que medían siete centímetros y medio de largo.

El alosaurio era un cazador, y aprovechaba sus dientes grandes y afilados para comer otros animales. A veces un alosaurio hambriento mordía a un animal con tanta fuerza que se le rompían algunos de sus dientes. Pero eso no le preocupaba mucho, pues siempre que se le rompían dientes, le salían otros nuevos.

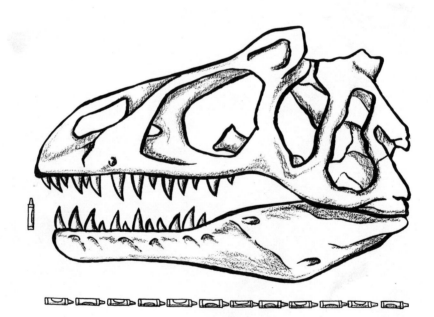

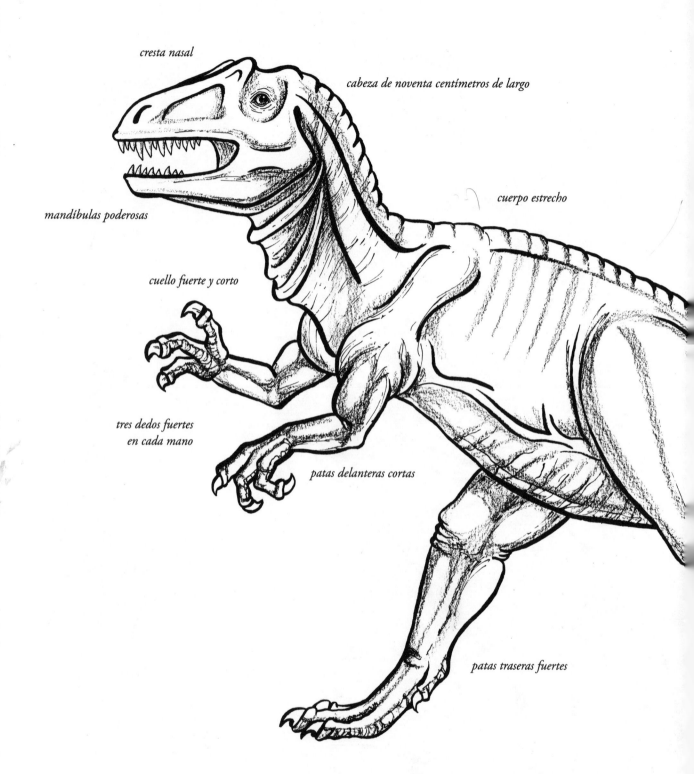

cresta nasal

cabeza de noventa centímetros de largo

cuerpo estrecho

mandíbulas poderosas

cuello fuerte y corto

tres dedos fuertes
en cada mano

patas delanteras cortas

patas traseras fuertes

El cuerpo del alosaurio estaba diseñado para cazar. Este dinosaurio caminaba sobre las dos patas traseras, que eran muy fuertes y le ayudaban a correr velozmente. Algunos científicos piensan que el alosaurio podía correr tan rápidamente como una persona.

Sin embargo, el alosaurio se habría caído de narices si no hubiera sido por su cola larga y gruesa. La cola le ayudaba al alosaurio a guardar el equilibrio cuando corría.

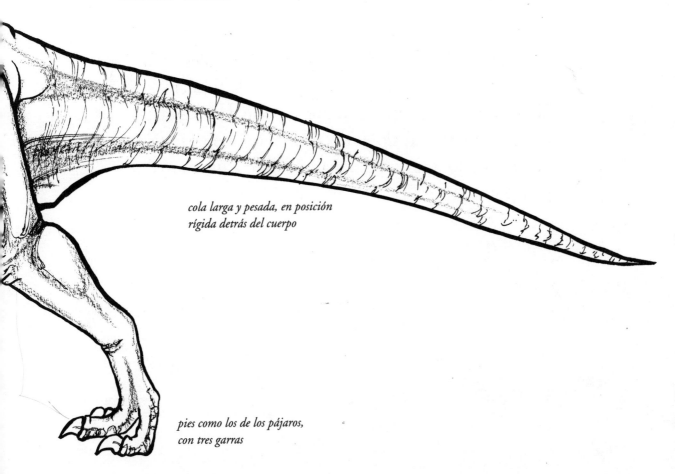

cola larga y pesada, en posición rígida detrás del cuerpo

pies como los de los pájaros, con tres garras

Los dos brazos delanteros del alosaurio eran muy cortos, pero cada uno tenía tres garras afiladas para desgarrar carne.

Pero el alosaurio tenía muy malos modales en la mesa. Se tragaba la comida sin masticarla siquiera. Tenía unas mandíbulas con una especie de bisagras que le permitían al alosaurio abrir la boca de par en par, de modo que podía tragarse entero a un animal pequeño.

El alosaurio cazaba cualquier animal que le
apetecía, tal como el estegosaurio, el camptosaurio, e
incluso el enorme apatosaurio y el diplodoco.

Se podría pensar que un ser que cazaba animales
de ese tamaño no debía tener miedo nunca de nada.

Pero sí había una cosa que podía detener a un alosaurio…

el agua profunda. El alosaurio tenía miedo de
adentrarse en el agua profunda porque podía quedarse
inmovilizado en el barro y no ser capaz de salir
nuevamente.

Si bien otros dinosaurios tenían miedo del alosaurio, los alosaurios se llevaban muy bien entre sí. Vivían y viajaban en manadas pequeñas. Juntos, vagaban por los terrenos secos y altos, y bajaban a las zonas pantanosas para cazar dinosaurios herbívoros.

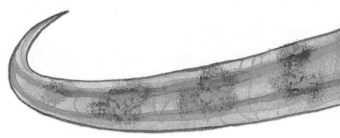

Los científicos piensan que cuando las crías de los alosaurios salían de los cascarones, había uno o más adultos que las protegían y cuidaban.

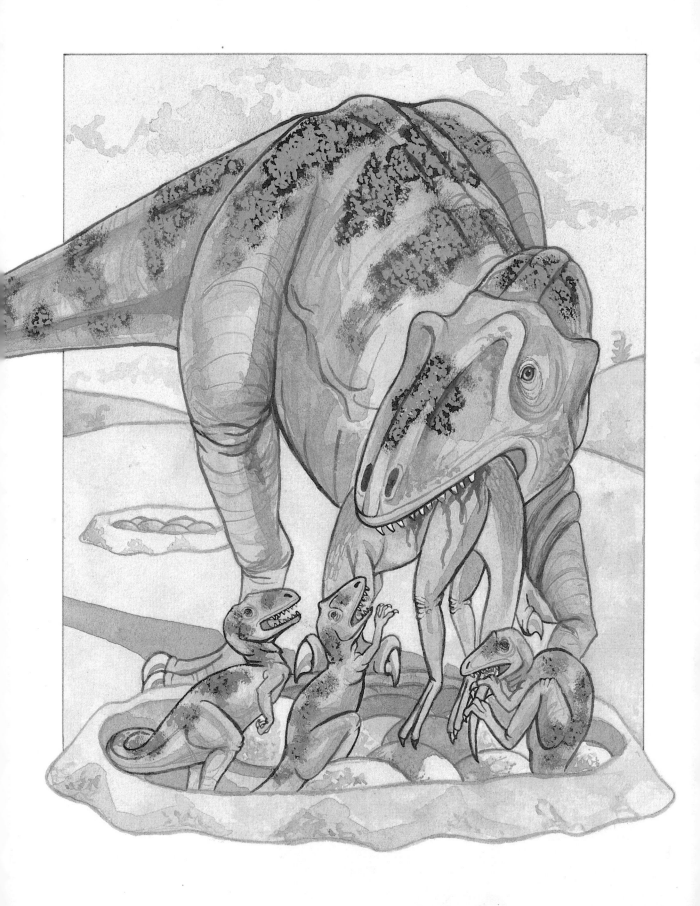

Los adultos traían comida para las crías y las protegían de otros tipos de dinosaurios, pues había dinosaurios que consideraban a las crías de alosaurio un aperitivo estupendo.

Las crías, que medían menos de sesenta centímetros al nacer, necesitaban que las cuidaran hasta que crecían, y entonces, ¡el resto del mundo tenía que andar con mucho cuidado!

Todos los alosaurios desaparecieron hace muchísimos años, al igual que los demás dinosaurios. Nadie sabe con seguridad por qué.

Algunos científicos piensan que una roca enorme del espacio, llamada asteroide, se estrelló contra la tierra, lo que podría haber cambiado la temperatura de la tierra y hacer que los dinosaurios se helaran de frío. Otros piensan que la radiación que emanaba después de explotar una estrella pudo haber matado a los dinosaurios.

Probablemente nunca sepamos exactamente por qué desaparecieron, pero resulta divertido pensar que los dinosaurios todavía siguen vivos en libros, en películas y en tu imaginación.